DOM ANTÔNIO AFONSO DE MIRANDA, S.D.N.
(Bispo Emérito de Taubaté)

O QUE É PRECISO SABER SOBRE O BATISMO

EDITORA
SANTUÁRIO

DIRETOR EDITORIAL:
Marcelo C. Araújo

REVISÃO:
Leila Cristina Dinis Fernandes

EDITORES:
Avelino Grassi
Edvaldo Manoel de Araújo
Márcio F. dos Anjos

DIAGRAMAÇÃO:
Alex Luis Siqueira Santos

CAPA:
Mauricio Pereira

COORDENAÇÃO EDITORIAL:
Ana Lúcia de Castro Leite

1ª Edição: 1988
ISBN 85-7200-830-6
61ª impressão

A marca FSC® é a garantia de que a madeira utilizada na fabricação do papel deste livro provém de florestas que foram gerenciadas de maneira ambientalmente correta, socialmente justa e economicamente viável.

Este livro foi composto com as famílias tipográficas Times e Times New Roman e impresso em papel Offset 75g/m² pela **Gráfica Santuário.**

Todos os direitos reservados à **EDITORA SANTUÁRIO** – 2019

Rua Pe. Claro Monteiro, 342 – 12570-000 – Aparecida-SP
Tel.: 12 3104-2000 – Televendas: 0800 - 16 00 04
www.editorasantuario.com.br
vendas@editorasantuario.com.br

Por que você batiza seu filho

Você vai procurar o Batismo para seu filho. E já pensou por que se deve batizar a criança?

Pode ser que você faça isto:

— porque tem medo de a criança não ser feliz;
— porque tem medo de ela contrair doenças;
— porque teme que ela apanhe mau olhado.

Esses motivos são supersticiosos, errados. Não se deve batizar por medo. O batismo não vai influenciar sobre a saúde, nem sobre o bem-estar da criança.

Pode ser também que você queira o batismo:

— porque é uma tradição de família;
— porque você é católico;
— porque não quer que seu filho fique pagão.

Está bem. Mas essas razões são muito superficiais. Você pode quebrar a tradição familiar, se quiser. Você pode deixar para seu filho a liberdade de escolher, futuramente, outra religião. E, enfim, que significa mesmo ser pagão?

Será que você entende bem a diferença entre um pagão e um cristão?

Você poderá ainda dizer que vai fazer batizar seu filho:

— para que ele possa salvar-se um dia, tendo direito de entrar no céu;
— para que ele fique sem o pecado original;
— para que ele se torne cristão, filho de Deus e membro da Igreja.

Ótimo. Essas razões são mais profundas. Mas é preciso entendê-las bem, tomar consciência delas e, mais tarde, transmiti-las aos filhos batizados.

É importante que fique bem claro que você deve pedir o batismo para seu filho estando convencido do **sentido**, do **valor** e das **responsabilidades** desse ato religioso.

O batismo é o começo de uma nova vida que o pai, a mãe, os irmãos mais velhos e os padrinhos vão ensinar à criança que vai ser batizada.

O ensino dessa nova vida é sobretudo um **testemunho**. Só quem vive a vida cristã pode ensinar essa vida aos outros.

O Batismo é um Sinal e um Sacramento

Os pais fazem bem ao querer o batismo para seus filhos. Porque o batismo é um sinal de que a gente quer ser de Deus. Esse sinal significa aliança com Deus.

No Primeiro Testamento fala-se muito da aliança que Deus fez com o povo antigo de Deus. O sinal dessa aliança era, para o menino, a chamada **circuncisão**.

No Segundo Testamento, em que nós somos o novo povo de Deus, há também um sinal da aliança com Deus. Esse sinal é o batismo.

Por ele todo homem, chamado a se relacionar com Deus em Jesus Cristo, dá uma resposta de fé, aceitando ser de Deus. E essa resposta é um compromisso.

"O sacramento do batismo é um momento de suma expressividade do relacionamento pessoal entre Deus e o homem em vista da Aliança. Concretiza, na linguagem perceptível dos sacramentos, a proposta de Deus e a resposta do homem. É no contexto dessa dimensão pessoal dialogal que se coloca a opção fundamental do cristão, como um comprometimento profundo entre o homem e Deus em Jesus Cristo."[1]

---

[1] *Pastoral dos Sacramentos da Iniciação Cristã*, Documentos da CNBB – 8ª ed., Ed. Paulinas, p. 9.

Assim, o batismo é um **sinal**. Sinal de **aliança com Deus**. E esse sinal é **sagrado**. É um Sacramento.

Há sete sinais sagrados, ou sete Sacramentos, na vida cristã ou na Igreja. Eles são sinais que expressam e realizam a aliança do povo com Deus.

No catecismo decoramos esses sete sacramentos: batismo, confirmação (ou crisma), penitência (ou confissão), eucaristia (ou comunhão), unção dos enfermos, ordem (ou sacerdócio) e matrimônio. São sete sinais que significam e efetivam a vida sagrada de um povo que faz aliança com Deus. É por eles que a Igreja, Povo de Deus, permanece unida na fé em Jesus Cristo, a Deus Pai, a Deus Filho e a Deus Espírito Santo.

O primeiro desses sacramentos é o batismo. Por ele a gente começa a ser de Deus, torna-se seu filho e começa a pertencer à Igreja, torna-se cristão e católico.

Tudo isso você deverá ensinar mais tarde a seu filho, quando ele começar a crescer.

Batismo e Fé

Para se entender bem o sentido do batismo, é preciso relacioná-lo com a **fé**, sua disposição fundamental.

O batismo nasce da fé em Jesus Cristo e supõe essa fé. Somente quando e onde há a crença em Jesus Cristo, e na Santíssima Trindade que ele revelou, é que se pode administrar o batismo. Foi Jesus mesmo quem dispôs assim:

"Ide, pois, ensinai a todas as nações; batizai-as em nome do Pai, e do Filho e do Espírito Santo" (Mt 28,19).

"Ide por todo o mundo e pregai o Evangelho a toda criatura. Quem crer e for batizado será salvo, mas quem não crer será condenado" (Mc 16,15-17).

Você, portanto, não pode pedir o batismo para seu filho se você mesmo não acredita em Jesus Cristo e na salvação eterna.

A criancinha não pode ainda professar essa fé. Mas pode ser batizada em virtude da fé da Igreja, expressa pelos pais e padrinhos.

É com base nessa fé da Igreja, expressa pelos pais e padrinhos, que há o costume de batizar crianças, e não é preciso esperar que tenham o uso da razão.

Diz uma instrução da Santa Sé sobre o batismo das crianças: "a prática do Batismo das crianças apoia-se numa tradição imemorial, de origem apostólica, cujo valor não pode ser refutado;

além disso, nunca se administra o Batismo sem a fé, que, no caso das crianças, é a fé da Igreja".[2]

Claro que essa fé deverá ser depois desenvolvida na criança. E a mesma Instrução ensina que, para se fazer o batismo, é preciso que haja garantias disso. "Deve-se estar na posse segura da garantia de que tal dom se possa desenvolver, mediante uma verdadeira educação na fé e na vida cristã, de modo que o Sacramento atinja a sua total verdade." Essas garantias são dadas, normalmente, pelos pais e parentes próximos, embora possam ser supridas de diversos modos na comunidade cristã.

A Igreja exige por tal forma essas garantias que, se não forem sérias, pode-se deixar o batismo para mais tarde.

Diz o acima referido documento: "se tais garantias não são sérias, isso poderá constituir motivo para se adiar o sacramento, e dever-se-á mesmo negá-lo no caso de elas serem certamente inexistentes".[3]

Tal é o caso do batismo de uma criança filha de pais que não têm fé ou que são espíritas declarados. Tal pode ser o caso do filho de uma mulher de má vida.

Para batizar essas crianças, é preciso ter garantia de que vão ser educadas diferentemente do proceder dos pais, ou seja, de que serão educadas como cristãs.

Os padrinhos podem oferecer esta garantia.

---

[2] *Instrução sobre o Batismo das Crianças*. Ed. Poliglota Vaticana. 1980, n. 18, p. 10.
[3] Ibid., n.28, p. 15.

Batismo, Conversão e Perdão dos Pecados

O batismo, desde os começos da Igreja, é um sacramento de conversão, isto é, de mudança de vida, com o perdão dos pecados. Basta ver a primeira administração de batismo feita por São Pedro, no dia de Pentecostes. Após o sermão por ele pregado, narram os Atos dos Apóstolos:

"Ao ouvirem estas cousas, ficaram compungidos no íntimo do coração e indagaram de Pedro e dos demais apóstolos: 'Que devemos fazer, irmãos?' Pedro resspondeu-lhes: 'Arrependei-vos, e cada um de vós seja batizado em nome de Jesus Cristo para remissão de seus pecados, e recebereis o dom do Espírito Santo'" (2,37-39).

Desse texto, vê-se claramente:

– que o batismo deve ser precedido de conversão sincera, que acompanha a fé;
– que o batismo traz a remissão dos pecados e o dom do Espírito Santo.

Diante desses pontos é natural que a gente pergunte:

Se o batismo exige fé e conversão, como podem as criancinhas ser batizadas?

O afamado "Catecismo Holandês" respondeu com muita sabedoria a essa pergunta.

"A pergunta, pois, que surge é esta: a criança não tem ainda consciência e, consequentemente, não é capaz de 'conversão', de entrega de fé; como pode, no entanto, receber o sinal de conversão e de fé?

Recebe-o da maneira com que vive, atualmente, toda a sua vida em dependência dos adultos. Cristo deu-nos sua salvação de modo social, comunitário. Não a pessoas isoladas, mas a um povo. Assim, como cada rebanho tem seus carneirinhos, assim também cada povo que cresce possui seus filhos, pequenos seres cuja vida é ainda carregada pelos outros. Pelo que os bebês não são batizados porque já creem, mas porque queremos naturalmente transmitir-lhes nossa fé. Trazemos os filhos dentro de nossa fé, dentro da fé da Igreja."[4]

Em nome da Igreja, quem assume a fé e conversão das crianças batizadas são seus pais e padrinhos. Eles deverão promover, futuramente, as crianças ao exercício da fé e conversão efetiva.

Outro ponto que pode despertar dúvida: a criancinha não é culpada, que pecado lhe é perdoado?

A Igreja sempre ensinou que toda pessoa contrai o **pecado da origem humana** ou o pecado original. Esse pecado é a fatal herança da raça humana. Ele é perdoado no batismo. E se a pessoa batizada é adulta e cometeu outros pecados pessoais, também esses são perdoados pelo batismo.

Além disso, no futuro exercício da fé e da conversão, o cristão batizado receberá a remissão dos pecados pelo Sacramento da Penitência precisamente em virtude da primeira santificação batismal. Não tivera sido batizado, não poderia obtê-la.

---

[4] *O novo catecismo - A fé para adultos, Edições loyola, 2002..*

O Batismo é necessário para a Salvação

A Igreja sempre ensinou, como doutrina que não se pode desprezar, que o batismo é necessário para a salvação, ao menos o batismo de desejo ou de intenção.[5] O Concílio de Trento definiu como de fé, no cânon 5 da Sessão VII: "Se alguém disser que o batismo é livre, não necessário para a salvação, seja anátema".[6]

E o Papa Bento XIV reafirmou-o, mais tarde, na profissão de fé imposta aos orientais: "Igualmente o batismo é necessário para a salvação, e, portanto, se houver iminente perigo de morte, sem nenhuma dilação, de imediato deve ser conferido, e será válido administrado por qualquer pessoa e em qualquer hora, se empregada a devida forma e matéria com intenção".[7]

Essas definições formais do magistério exprimem aliás o que disse Jesus: "Quem não renascer da água e do Espírito Santo, não pode entrar no reino de Deus". Embora Jesus fale: "Não pode entrar no reino de Deus", o magistério da Igreja não hesitou interpretar, no Decreto para os Armênios, "reino dos céus".[8]

---

[5] Cf. Cân. 849.
[6] Cf. DENZINGER – *Enchiridion Symbolorum* (Ed. 30ª, Herder, MCMLV), n. 861.
[7] *Idem*, n. 1470.
[8] "Et cum per primum hominem mors introierit in universos, *nisi ex aqua et Spiritu sancto renascimur, non possumus*, ut inquit Veritas, *in regrum coelorum in troire*" (cf. Jo 3,5). DENZINGER, n. 696.

Batismo em perigo de morte

Sendo o batismo necessário para a salvação, qualquer pessoa pode batizar uma criança de família cristã, e mesmo um adulto que o deseje, em caso de perigo iminente de morte.

Como se batiza então? Derramando água na cabeça da criança (ou do adulto) e dizendo: "Eu te batizo em nome do Pai, e do Filho e do Espírito Santo. Amém".

A pessoa assim batizada, se não morrer, não precisa ser batizada de novo pelo padre ou diácono. Basta levá-la à Igreja, para que o ministro sagrado complete as cerimônias litúrgicas. Esclareça-se ao ministro que o batismo essencial já foi feito em perigo iminente de morte.

Condena-se quem morre sem batismo?

Jesus disse: "Quem crer e for batizado será salvo; mas quem não crer será condenado" (Mc 16,16).

Jesus não disse: "Quem não for batizado será condenado". Não. É "quem não crer que será condenado". Pode alguém crer e não ter oportunidade de batizar-se. Então se salvará. Houve cristãos catecúmenos que, antes de serem batizados, sofreram o martírio, testemunhando a fé. Certamente se salvaram.

Por esses casos, vê-se que, além do batismo de água (batismo real), pode-se falar de um batismo de desejo e de um batismo de sangue (batismo de intenção).

Ao batismo de desejo equipara-se a reta intenção de quantos buscam a salvação e agem de acordo com a consciência. Não é possível que se condenem.

Um ilustrado teólogo – Metz – esclarece: "As duas afirmações, necessidade do batismo para a salvação e possibilidade de salvação também para os não batizados não se opõem, porque a aplicação da graça aos não batizados que é sempre graça de Cristo, deve ser interpretada como o seu batismo. Pressupõe o desejo (*votum*), explícito ou também implícito, de receber o batismo sacramental e a vontade concreta de adequar a própria vida à vontade de Deus, conforme as exigências da voz da consciência".[9]

E as crianças que morrem sem o batismo?

É frequente angustiarem-se pais cristãos fervoros porque um filho ou filha morreu sem batismo.

Não há motivo para angústia, muito menos para alimentar complexo de culpa. Pais cristãos, que desejavam o batismo para o filho, saibam que a criança não batizada não tem culpa, por isso não há por onde se condenar.

Pode-se mesmo pensar que, em virtude da fé de seus pais, tal criança está no céu. Pois Deus "quer que todos os homens se salvem" (1Tm 2,4), e Jesus, por seus méritos infinitos, alcançou a salvação para todos, como nos ensina nossa fé.

Embora não haja no magistério da Igreja definição específica sobre esse ponto, a doutrina comum jamais pôs em dúvida o infinito amor de Cristo, que disse: "Esta é a vontade daquele que me enviou: que eu não perca nada do que ele me deu, mas o ressuscite no último dia" (Jo 6,39).

---

[9] J. Metz, no verbete "batismo" do Dicionário de Teologia. Ed. Loyola, 1970, vol. I, p. 197.

O Batismo modifica o ser da pessoa

O batismo não é somente uma cerimônia pela qual a criança vai passar. Não. De acordo com a nossa fé, o batismo vai mudar interiormente aquela criança.

Dizemos que ela deixa de ser pagã e se torna cristã. E isso significa um grande mistério. A criança, depois do batismo, torna-se uma **nova criatura**. Espiritualmente ela nasce de novo pelo Espírito Santo.

Um homem chamado Nicodemos perguntou a Jesus o que era preciso fazer para entrar no Reino de Deus (Jo 3,1-4). A resposta foi esta: "Em verdade, em verdade te digo: se uma pessoa não nascer de novo, não poderá entrar no Reino de Deus" (Jo 3,3). Nicodemos ficou espantado e quis saber como seria possível nascer de novo. E Jesus disse: "Se a pessoa não nascer pela água e pelo Espírito Santo, não poderá entrar no Reino de Deus" (Jo 3,5).

"Nascer pela água e pelo Espírito Santo" – é o que acontece no batismo. A criança que é batizada nasce de novo, pela ação do Espírito Santo, quando o padre derrama em sua cabeça a água do batismo.

É um novo nascimento na ordem espiritual. Por esse nascimento a criança torna-se um filho de Deus. Seu ser mais íntimo sofre uma mudança: de criatura humana passa a ser **filho de Deus** e, por isso, "herdeiro de Deus", como diz São Paulo (Rm 8,17).

"O batismo atinge a pessoa no íntimo de seu ser." É o que a Igreja vem admitindo desde os primeiros séculos, ao considerar válido o batismo das crianças. Isso explica a insistência da Igreja em batizar as crianças em perigo de morte. A Sagrada Escritura refere-se a isso, quando fala de "nova criatura" (2Cor 5,17), do "homem novo" (Rm 6,6), de "renascimento" (Jo 3,5), de "passagem das trevas à luz" (1Pd 2,9), do "pecado à graça" (Rm 6,1-4), de "filiação divina" (Jo 3,1-2).[10]

Tudo isso a gente expressa quando diz que o batismo imprime caráter. O **caráter** quer dizer **marca**. Quem é batizado recebe para sempre a **marca** da Santíssima Trindade. Pertence a Deus. Deve viver para Deus.

---

[10] *Pastoral dos sacramentos da iniciação cristã* – Documentos da CNBB – 8ª ed., Ed. Paulinas, p. 9.

Batismo, Mistério de Incorporação a Cristo

O fato do batismo representa um grande mistério, que nós não podemos penetrar, mas que o Apóstolo São Paulo nos ensina. No batismo se dá uma relação muito íntima da pessoa batizada com o mistério de Cristo. A pessoa é unida à morte e ressurreição de Jesus, nosso Senhor.

Ensina o Concílio Vaticano II:
"Pelo Sacramento do Batismo, sempre que for retamente conferido segundo a instituição do Senhor e recebido com a devida disposição de alma, o homem é verdadeiramente incorporado a Cristo crucificado e glorificado, e regenerado para o consórcio da vida divina, segundo esta palavra do Apóstolo: 'Com Ele fostes sepultados no batismo e nele fostes conressuscitados pela fé no poder de Deus, que o ressuscitou dos mortos'".[11]

Na Carta aos Romanos, São Paulo repete a mesma doutrina:
"Ou ignorais que todos os que fomos batizados em Jesus Cristo, fomos batizados em sua morte? Fomos, pois, sepultados com ele em sua morte pelo batismo, para que, como Cristo ressurgiu dos mortos pela glória do Pai, assim também nós vivamos uma vida nova. Se nos tornamos o mesmo ser com ele por uma morte semelhante a sua, sê-lo-emos igualmente por uma comum ressurreição" (Rm 6,3-6).

---

[11] *Unitatis Redintegratio*, n. 22.

Como se vê, o batismo nos une à morte e ressurreição de Cristo. Isto é: comunica ao homem, pecador por natureza, o fruto salvífico da morte de Cristo e depõe em seu próprio corpo o gérmen da ressurreição futura.

Por isso a Igreja, na liturgia do batismo, coloca-o em relação com o mistério pascal. Mistério pascal é o mistério da morte e ressurreição de Cristo.

Você notará, na cerimônia do batismo, uma grande vela acesa, na qual o padrinho acenderá também uma vela, no fim da cerimônia, para segurá-la na mão do afilhado. Aquela grande vela é o Círio Pascal, bento na noite do Sábado Santo, quando se benze também a água batismal.

O Círio é símbolo de Cristo ressuscitado e a vela nele acesa simboliza a fé baseada na ressurreição de Cristo.

Esse simbolismo usado pela Igreja é para incutir nos cristãos esta verdade fundamental: pelo batismo e pela fé batismal, o cristão entra em relação muito íntima com a morte e a ressurreição de Cristo, ou seja, com o mistério pascal.

Batismo, Mistério de Incorporação à Igreja

Ensina o Concílio Vaticano II: "Incorporados à Igreja pelo batismo, os fiéis são delegados ao culto da religião cristã em virtude do caráter e, regenerados para serem filhos de Deus, são obrigados a professar diante dos homens a fé que receberam de Deus pela Igreja".[12]

Essa pequena frase do Concílio encerra um grande ensinamento. Diz-nos a que se destina, em última análise, o batismo. Ele se destina a deputar o homem para o culto do verdadeiro Deus. O homem não pode render ao verdadeiro Deus o culto que lhe é devido, se não for perdoado de sua mancha original, que o separa de Deus, portanto se o próprio Deus, gratuitamente, não o acolher.

Isto é um grande mistério da bondade de Deus, por causa de Cristo, que morreu por nós.

O Batismo marca a pessoa humana tornando-a de Deus. Como tal a incorpora ao **Povo de Deus**, que é a Igreja.

Isso significa que sua vida passa a ter uma dimensão **comunitária**. Na Igreja, nós não somos isolados. Formamos comunidade. Somos gente unida sobrenaturalmente. E responsáveis, de algum modo, uns pelos outros.

---

[12] *Lumen Gentium*, n. 11.

Ser Igreja é muito importante. Entretanto, há gente que foi batizada e passou a pertencer à Igreja, e que não vive **como Igreja**. Quer sempre estar só, agir só, e sem se interessar pelos outros.

Quem é batizado deve saber que está numa comunidade, isto é, em sua **Paróquia**, onde deve conviver, trabalhar e colaborar.

Daí surge, por exemplo, o dever do **dízimo**, forma de colaboração com a Paróquia.

Daí nasce também o dever da participação em conjunto no culto: participação ativa na Missa, no cântico, nas cerimônias.

Santo Tomás ensinava que o batismo encerra uma investidura para o culto de Deus, por meio do **caráter batismal**. Nós sempre ouvimos que o caráter é uma marca indelével que nos assinala como **filhos de Deus**. Mas nem todos sabem que o caráter é configuração a **Cristo Sacerdote**.

O caráter ou marca que o batismo imprime importa – diz Santo Tomás – em certo poder espiritual: o poder de oferecer o culto a Deus.[13]

---

[13] *Summa Theologica*, III P., Q. 63, art. 2.

É isso que quer dizer **participação no sacerdócio de Cristo**.

Pelo batismo, passando a fazer parte do Povo de Deus, que é a Igreja, todos nós participamos da condição de "uma raça eleita, um sacerdócio régio, uma nação santa, um povo adquirido por Deus", como diz São Pedro (1Pd 2,9).

Nosso sacerdócio comum tem íntima relação com o sacerdócio dos Padres, embora seja dele diferente. Explica o Concílio Vaticano II: "O Sacerdócio comum dos fiéis e o sacerdócio ministerial ou hierárquico ordenam-se um ao outro, embora se diferenciem na essência e não apenas em grau. Pois ambos participam, cada qual a seu modo, do único sacerdócio de Cristo. O sacerdote ministerial, pelo poder sagrado de que goza, forma e rege o povo sacerdotal, realiza o sacrifício eucarístico na pessoa de Cristo e o oferece a Deus em nome de todo o povo. Os fiéis, no entanto, em virtude de seu sacerdócio régio, concorrem na oblação da Eucaristia e o exercem na recepção dos sacramentos, na oração e ação de graças, no testemunho de uma vida santa, na abnegação e na caridade ativa".[14]

Mas não é só. Se, incorporados à Igreja, somos delegados ao culto, tornamo-nos também "obrigados a professar diante dos homens a fé", diz o Concílio Vaticano II.[15]

---

[14] *Lumen Gentium*, n. 10.
[15] *Lumen Gentium*, n. 11.

Em outras palavras, tornamo-nos obrigados a evangelizar, a anunciar o Evangelho. Incorporados à Igreja, assumimos sua missão.

Escreveu o Papa Paulo VI: "Mas, então, quem é que tem a missão de evangelizar? O Concílio do Vaticano II respondeu claramente a esta pergunta: 'Por mandato divino, incumbe à Igreja o dever de ir por todo o mundo e pregar o Evangelho a toda criatura'. E em outro texto o mesmo Concílio diz ainda: 'Toda a Igreja é missionária, a obra da evangelização é um dever fundamental do Povo de Deus'".[16]

Portanto, entendendo bem seu batismo, você verá que deve ser apóstolo, isto é, anunciador de Cristo e do seu Evangelho.

---

[16] *Evangelii Nuntiandi*, n. 59.

Batismo, Mistério de Participação no Espírito Santo

São Pedro, quando convidou os primeiros convertidos para o batismo, disse-lhes: "Convertei-vos e seja cada um de vós batizado em nome de Jesus Cristo, para remissão dos pecados, e recebereis, então, o dom do Espírito Santo" (At 2,37-38).

São Paulo escreveu aos Coríntios: "Aquele que nos fortalece convosco em Cristo e nos dá a unção é Deus, o qual nos marcou com seu selo e colocou em nossos corações o penhor do Espírito" (2Cor 1,21-22).

E aos Romanos ele disse: "A esperança não decepciona, porque o amor de Deus foi derramado em nossos corações pelo Espírito Santo que nos foi dado" (Rm 5,5).

E aos Efésios ele lembrou: "Tendo ouvido a Palavra da verdade – o evangelho de vossa salvação – e nela tendo crido, fostes selados pelo Espírito da promessa, o Espírito Santo" (Ef 1,13).

Todos esses textos nos ensinam que o batismo nos une ao Espírito Santo. Dá-nos seu dom (At 2,38), marca-nos com seu selo (2Cor 1,21-22 e Ef 1,13), coloca o Espírito Santo em nossos corações (2Cor 1,22 e Rm 5,5).

Essa é uma verdade de fé das mais freqentemente repetidas nos livros santos.

Ela já havia sido profetizada por Ezequiel: "Derramarei sobre vós uma água pura e sereis purificados... Dar-vos-ei um coração novo e porei em vosso peito um espírito novo... Porei em vós meu espírito e farei com que procedais segundo meus preceitos..." (Ez 36,25-27). Essas palavras referem-se, claramente, à água do batismo e ao Espírito Santo que nele é dado.

Antes de Cristo começar sua pregação, João Batista disse a respeito dele: "Ele vos batizará no Espírito Santo" (Mt 3,11). E Jesus, pouco depois, noticiou seu batismo a Nicodemos: "Quem não nascer da água e do Espírito Santo, não poderá entrar no reino de Deus" (Jo 3,5).

Assim se vê que o batismo tem uma relação muito íntima com o Espírito Santo. São Paulo diz que o batismo coloca o Espírito Santo não só em nossa alma, e sim também em nosso corpo. "Porventura, não sabeis que sois o templo de Deus e que o Espírito Santo habita em vós?", pergunta ele aos coríntios (1Cor 3,16). E ainda: "Ou não sabeis que vosso corpo é o templo do Espírito Santo, que está em vós e que recebestes de Deus?" (1Cor 6,19).

Dessa verdade, tiram-se as mais amplas consequências. E a principal é que todos os batizados formam um povo, que deve ser santo de alma e de corpo.

A Conferência de Puebla diz-nos, por exemplo: "O Povo de Deus, em que habita o Espírito, é também um· Povo Santo. Mediante o batismo, o próprio Espírito o tornou participante da vida divina, o ungiu como povo messiânico e o revestiu da santidade da vida recebida".[17] "Os cidadãos deste povo devem

---

[17] *Puebla*, n. 250.

caminhar na terra, mas como cidadãos do céu, com seu coração enraizado em Deus, por meio da oração e da contemplação."[18] E mais: "Esta santidade exige o cultivo tanto das virtudes sociais como da moral pessoal. Tudo o que atenta contra a dignidade do corpo humano que é chamado a ser templo de Deus implica profanação e sacrilégio e entristece o Espírito. Vale isto para o homicídio e a tortura, mas também para a prostituição, para a pornografia, o adultério, o aborto e qualquer outro abuso sexual".[19]

---

[18] *Puebla*, n. 251.
[19] *Puebla*, n. 252.

O Batismo é um início a ser completado

Nos começos da Igreja o batismo era conferido a pessoas já adultas, crescidas, maduras. Elas deviam entender bem seu sentido. Por isso, antes do batismo, havia o **catecumenato**, período de instrução e formação para a fé.

Hoje, são os pais e padrinhos, e a própria comunidade, que devem transmitir aos batizados o sentido da fé, à medida que eles vão crescendo.

A fé já existe também informe e implícita na criança batizada. É um dom do Espírito Santo recebido no batismo. Uma instrução da Sagrada Congregação para a Doutrina da Fé a respeito do batismo das crianças lembra: "Por outro lado, segundo a doutrina do Concílio de Trento sobre os Sacramentos, o Batismo não é somente um sinal da fé, mas também a sua causa".[20]

Mas o batismo é apenas um início a ser completado. Explica o Concílio Vaticano II: "O batismo, porém, de per si é só o início e o exórdio que tende à consecução da plenitude de vida em Cristo. Por isso o batismo se ordena à completa profissão de fé, à íntegra incorporação no instituto da salvação tal como o próprio Cristo o quis e à total inserção na comunhão eucarística".[21]

---

[20] *Instruçao sobre o batismo das crianças*, Edição Poliglota Vaticana, 1980, n. 18, p. 10.
[21] *Unitatis Redintegratio*, n. 22.

Quem vai completar então o batismo, levando as crianças até à explicitação da fé e à comunhão eucarística?

São principalmente os pais e os padrinhos que têm essa obrigação. Dizem os Bispos do Brasil a esse respeito: "A consequência para os pais que pedem o batismo para seus filhos é o compromisso, já assumido na celebração do casamento, de educá-los na fé, dentro da comunidade eclesial".

"A ordem de batizar em nome do Pai, do Filho e do Espírito Santo não pode ser desvinculada da missão do anúncio do Evangelho" (cf. Mt 16,15), "da conversão para o seguimento de Jesus, que caracteriza os verdadeiros discípulos" (cf. 28,19) "e de uma orgânica educação da fé" (cf. Mt 28,20).

"No cumprimento deste compromisso de educar seus filhos na fé, os pais, padrinho e madrinha representam a Igreja, nossa Mãe, que, 'pela pregação e pelo batismo, gera, para uma vida nova e imortal, os filhos concebidos do Espírito Santo e nascidos de Deus' (LG 64). Representam a Comunidade, que, ao enriquecer-se com a entrada de um novo membro, vê sua responsabilidade também acrescida."[22]

Como se vê, grande é a responsabilidade dos pais e padrinhos. Eles devem dar continuidade à inserção na fé e na Igreja daquela criança que foi batizada por sua apresentação.

---

[22] *Batismo das Crianças*, Documentos da CNBB, Ed. Paulinas, p. 9.

O Batismo impõe Responsabilidades e Deveres

Se você pede o batismo para seu filho, saiba que vai impor-lhe responsabilidades. E como você deve ensinar-lhe essas responsabilidades, você as deve assumir primeiro. Essas responsabilidades são:

1) **Para com Deus:** fé, aliança, culto, oração.
2) **Para com a Igreja:** fidelidade, respeito, colaboração.
3) **Para com o próximo:** caridade, justiça, serviço.
4) **Para com o mundo:** construção de um mundo de estruturas justas e honestas.

Fé, aliança, culto

Quem é batizado deve viver plenamente a fé em Jesus Cristo. Não pode renegá-lo. "Quem não está comigo está contra mim. Quem não recolhe comigo, dispersa" (Mt 12,30). "Ninguém pode servir a dois senhores" (Mt 6,24).

A fé aceita Jesus Cristo como o verdadeiro Deus que se encarnou e se fez homem. "E o Verbo se fez carne e habitou entre nós" (Jo 1,14).

A fé aceita o único Deus como Pai e o crê inseparável de Cristo: "Eu e o Pai somos um" (Jo 10,30). "Quem crê em mim, não crê em mim, mas naquele que me enviou" (Jo 12,44).

A fé em Jesus Cristo representa a nova aliança com Deus. Nossa aliança com Deus e de Deus conosco foi feita no Sangue de Cristo. "Este cálice é a nova aliança em meu sangue" (Lc 22,20).

Da aliança nasce o compromisso do amor e do culto.

Quem fez aliança com o Senhor o ama, e por isso observa seus mandamentos (Jo 14,15). "Amarás, pois, o Senhor teu Deus e observarás sempre o que ele te ordenou, suas leis, seus preceitos e seus mandamentos" (Dt 11,1).

O culto do Deus dos cristãos tem seu ponto alto na **Missa dos Domingos**. "Ouvir missa nos domingos e dias santificados", reza o quarto mandamento da Igreja.

Culto é também oração. "Orai sem cessar. Em todas as circunstâncias dai graças, porque esta é a vosso respeito a vontade de Deus em Jesus Cristo" (1Ts 5,17). "Pedi e recebereis, procurai e encontrareis; batei e abrir-vos-á. Porque todo aquele que pede recebe, o que procura encontra e ao que bate se lhe abrirá" (Lc 11,9 e 10).

Fidelidade à Igreja

A pessoa batizada é filha da Igreja. Deve-lhe fidelidade, respeito e empenho em sua obra evangelizadora.

"Quem não quiser ouvir a Igreja, seja tido por pagão público" (Mt 18,17). "Quem vos ouve a mim é que ouve". "Quem vos despreza a mim despreza" (Lc 10,16).

Isso no que se refere à Igreja instituição. Mas a Igreja não é somente a instituição a que servimos. Ela é o mistério de que fazemos parte. É o Povo de Deus, a que nos filiamos pelo Batismo.

Nessa Igreja-mistério, nessa Igreja-Povo, há um lugar que cada um ocupa, com funções a desempenhar. Cada um tem carismas próprios que o Espírito Santo lhe deu e lhe incumbe algum ministério que deve ser desempenhado nessa Igreja.

O Papa Paulo VI escreve o seguinte: "os leigos podem também se sentir chamados ou vir a ser chamados para colaborar com os próprios Pastores ao serviço da comunidade eclesial, para o crescimento e a vida da mesma, pelo exercício dos ministérios muito diversificados, segundo a graça e os carismas que o Senhor houver por bem depositar neles".[23]

Mais além, o Papa enuncia alguns desses ministérios: catequistas, animadores da oração e do culto, anúncio da Palavra, assistência aos irmãos necessitados, movimentos apostólicos.

O cristão batizado deve fidelidade a sua Igreja no desempenho de algum desses ministérios, para o qual se sentir chamado ou vier a ser convocado.

Amor ao próximo

Pelo batismo todos somos irmãos. E todos os homens, criados por Deus "a sua imagem e semelhança" (Gn 1,26), devem ter

---

[23] *Evangelii Nuntiandi*, n. 73.

o amor distintivo do cristão. "Um novo mandamento vos dou: que vos ameis uns aos outros" (Jo 13,14). "Quem odeia seu irmão é assassino. E sabeis que nenhum assassino tem a vida eterna permanente em si" (1Jo 3,15).

Amor quer dizer caridade, serviço e perdão. "Toda vez que fizestes isto ao menor dos meus, é a mim que o fizestes" (Mt 5,40). "Quem der até um copo d'água ao menor dos meus não ficará sem sua recompensa" (Mt 10,42). "Eu porém vos digo: Amai vossos inimigos, fazei bem aos que vos odeiam, orai pelos que vos perseguem e vos maltratam" (Mt 5,44).

Construir o mundo novo

Jesus chamou os homens à fé e à Igreja para que houvesse um mundo novo, diferente do mundo pagão. Os cristãos, os batizados, devem construir esse mundo novo.

De que modo? Estabelecendo estruturas justas e honestas. Construindo o Reino de Deus no coração do mundo.

A Conferência de Puebla reconheceu que "é no mundo que o leigo encontra seu campo específico de ação. Pelo testemunho de sua vida, por sua palavra oportuna e sua ação concreta, o leigo tem a responsabilidade de ordenar as realidades temporais para pô-las a serviço da instauração do Reino de Deus".[24]

---

[24] *Puebla*, n. 789.

E entre as realidades temporais em que o cristão se deve empenhar, a Conferência de Puebla enuncia: a família, a educação, as comunicações sociais e a própria política.[25]

Não pode o cristão ficar indiferente ante essas realidades temporais. Deve santificá-las. É missão que nasce do compromisso batismal.

Mas o mundo novo não é somente o mundo de estruturas justas. Deve ser também o mundo honesto, puro, sem imoralidades. Cumpre aos cristãos lutar pela integridade dos costumes familiares e pela recuperação dos valores morais. Recomenda o Papa João Paulo II:

"Torna-se, portanto, necessário recuperar por parte de todos a consciência do primado dos valores morais, que são os valores da pessoa humana como tal. A nova compreensão do sentido último da vida e dos valores fundamentais é a grande tarefa que se impõe hoje para a renovação da sociedade".[26]

---

[25] *Puebla*, n. 790 e 791.
[26] *Familiaris Consortio*, n. 8.

ÍNDICE

Por que você batiza seu filho 3
O Batismo é um sinal e um sacramento 5
Batismo e Fé 7
Batismo, conversão e perdão dos pecados 9
O Batismo é necessário para a salvação 11
O Batismo modifica o ser da pessoa......................................14
Batismo, mistério de incorporação a Cristo 16
Batismo, mistério de incorporação à Igreja 18
Batismo, mistério de participação no Espírito Santo...............22
O Batismo é um início a ser completado 25
O Batismo impõe responsabilidades e deveres.......................27